Guia Prático de como Redigir Textos Científicos

Joel Gonçalves de Oliveira

Sobre o Autor

Joel Gonçalves de Oliveira é Bacharel em Ciência da Computação, Mestre em Ciência da Computação. Autor de vários artigos (nacionais e internacionais), alguns livros e capítulos de livros (link<https://www.amazon.com/Joel-Goncalves-de-Oliveira/e/B0 OM2H4QEU?ref=dbs_p_ebk_r00_abau_000000>).

Foi bolsista CNPq entre 2012 e 2016, na área de microeletrônica. Revisor de artigos e capítulos de livros para editoriais internacionais.

Sumário

Motivação

A introdução é comum aos artigos, trabalhos de conclusão de curso, dissertações e teses. Aqui, ela não será contada, ou seja, não teremos um capítulo chamado Introdução. Entre os anos de 2006 e 2017 (quando defendi meu mestrado), basicamente geri minha vida para a produção científica.

Mesmo quando não publicava, estava desempenhando pesquisas, uma delas recebeu menção honrosa do Ministério da Ciência, Tecnologia e Inovação em 2015. O que pretendo com este guia é simplesmente mostrar como consegui produzir resultados e publicá-los.

A produção de um artigo esbarra em uma questão inicial e objetiva, qual resultado apresentar. Não existem resultados ruins, existe a falta deles. Por um longo período, a pesquisa nacional se excluiu da internacional. Com a reabertura econômica e os investimentos no ensino superior entre os anos de 2002 e 2016, a pesquisa nacional se reinseriu no contexto global. Claro que nem todas as áreas com a mesma força.

Força na ciência se mede por patentes, citações, impacto. Se você está tentando escrever um trabalho acadêmico, deve inicialmente se preocupar com esses termos, são fundamentais. Outra coisa a se preocupar é com a estética do texto, evitando parágrafos com mais de sete linhas, eles devem ter entre quatro e seis, no máximo.

Meu primeiro artigo foi escrito em quase três meses, para um evento local, da própria universidade. Senti extrema dificuldade em estruturá-lo. Na graduação existe uma disciplina de Metodologia Científica, que na prática ajuda apenas a compreender a formatação, ou seja, que margens as páginas devem conter e que formato cada tipo de texto.

Para quem ainda não submeteu um artigo, o padrão nacional é de ter três revisores, a soma das notas e recomendações deles é que definem se o artigo será aceito, aceito com correções ou rejeitado. Eu queria publicar mais, mas não tinha o conhecimento e me perdia tentando escrever.

Quando recebi o resultado, a mensagem era clara, aceito com recomendações, basicamente tive que alterar todos os capítulos do artigo, de apenas cinco páginas. Decidi naquele momento algo que mudaria minha vida, anotei em uma planilha os comentários dos avaliadores e tentei imaginar o motivo por trás de cada um deles.

Assim, criei um roteiro de como produzir artigos, à medida que escrevia outros e eram aceitos, comparava os comentários e usava essa comparação para os próximos. O que difere um artigo para um evento local de um internacional de alto impacto é seu índice de rejeição.

Por exemplo, um evento local pode aceitar até 90% dos artigos submetidos a ele, isso devido ao fato de o fundamental nesse tipo de evento ser unir e expor o que foi produzido, pela instituição. Em periódicos internacionais, de alto impacto, o que realmente importa é a inovação, logo eles respondem rapidamente com um parecer.

Quanto maior o impacto de um periódico, maior a taxa de rejeição, a Nature, por exemplo, rejeita em média 94% de todos os artigos submetidos a ela. Para se ter uma comparação, a Universidade de São Paulo, a USP, eleita várias vezes a melhor do país, tem um fator de impacto abaixo de 1%.

A CAPES, atualiza uma tabela em que avalia jornais, eventos, revistas; conferindo notas de A1, A2, B1 … B5, C. Não usando todo o alfabeto, apenas as três letras iniciais. Demais eventos que não recebam tais letras, são considerados sem impactos. Os locais, geralmente são sem impacto.

Mestrado e Doutorado, quase que obrigam, em sendo bolsista do programa, a publicarem em um extrato A ou B. E foi assim que o Brasil deu um salto internacional de publicação, contando atualmente com cerca de 15 mil publicações anuais.

Mas, obrigar alguém que tem prazo, no caso do Mestrado, dois anos, a publicar um artigo em paralelo com as disciplinas que são obrigatórias. E a dissertação, exigida ainda, diminui a qualidade e aumenta a quantidade. A ideia por trás de uma publicação é a de que se pesquisou, se chegou aos resultados que outros não chegaram, ainda.

Contudo, a ideia de se publicar no Brasil é a de concluir o Mestrado, o Doutorado ou qualquer especialização. Não é raro publicações de "baixa qualidade" aos montes. Eu mesmo já participei de evento em que um orientador teve 15 artigos aceitos. Para CAPES e CNPq, este professor merece uma bolsa de produção. Para quem participou do evento, sabe que era o mesmo trabalho sendo fatiado e com pequenas distinções.

Faz parte do aprendizado passar por isso, mas persistir é evitável. Uma boa prática é criar no começo de cada ano, uma lista com todos eventos e jornais do ano corrente e do seguinte, imprimi-la e observar se é possível submeter alguma proposta.

Depois que comecei a agir desta forma, pude pensar em publicar sozinho fora do país, e acreditem, é bem mais fácil que aqui. O que torna tão fácil é que lá fora não existe ABNT, que muda formatos e regras com constância. O padrão internacional geralmente se baseia no Chicago ou como a Nature, que tem seu próprio.

É portanto, preciso seguir os modelos de cada jornal e submetê-lo dentro dos prazos para avaliação. Tento possibilidade de escolha, escolha submeter para um jornal ou revista. Evite congressos, principalmente os nacionais. Com forte tendência a exaltar quem organiza e o próximo a organizar.

Por outro lado, os eventos internacionais querem os melhores, como forma de consolidar uma marca e atrair investimentos na área, para novas pesquisas. Por aqui, o setor industrial ainda não é próximo do setor acadêmico, na verdade, em muitas instituições ainda há resistência quanto essa aproximação, por ideologia e isso nos deixa atrás dos países asiáticos.

Estruturas

Iremos dividir em duas partes, a primeira relacionada à produção de trabalhos de conclusão de curso. De fato, há uma portaria do Ministério da Educação, em que permite que o trabalho final possa ser substituído por um artigo, de impacto. Na prática, em instituições particulares, o estilo artigo tem assumido espaço. São versões menores dos Trabalho de Conclusão de Curso (TCC), girando entre 15 e 20 páginas (incluindo capa, contra capa, sumário, referências).

Merece uma nota especial, algumas instituições estão cobrando trabalhos de fim de curso, em grupo, com até 2000 caracteres, o que seria na verdade um resumo estendido. Basicamente incentiva o plágio, pedem para que as citações fiquem no fim do texto, e dentro dele, ou seja, introdução e metodologia, revisão da literatura (que exigem que chamem bibliográfica, mesmo sem livros na referência), pode-se copiar trechos de outros autores. Isso é um absurdo!

Um TCC, por outro lado, exige maiores detalhes e esforços, normalmente sendo produzido acima de 40 páginas, já considerando todos os elementos textuais. Não raro há uma corrida em direção a se pagar para que alguém escreva ou revise, ou ainda, se plagiando trabalhos quase que completamente.

O primeiro detalhe da estrutura que precisa ser pensado é: como exibir resultados, este tipo de trabalho não é para introduzir ou concluir nada, é para quantificar resultados e baseando-se nestes aferir ou permitir que outros possam compreender o tema proposto. Desta forma, a soma das páginas da introdução com as páginas da conclusão não podem ultrapassar os 20% do trabalho final, jamais!

É um padrão internacional, o foco deve ser os resultados, sempre! Nesse ponto, o fator orientação, pesa e tende a ser negativo. É comum que os orientadores cobrem por mais resultados. Isso não significa refazer o trabalho, mas apresentar mais resultados.

O que mais vi ao longo desses anos foi o crescimento de referencial teórico, somado de uma introdução ruim, como parte inicial do texto, o que deixa a apresentação dos resultados inexpressivos.

Devemos fugir de alguns erros básicos, para isso teremos a estrutura a seguir, como modelos e dicas.

Estruturas obrigatórias em Trabalhos de Conclusão de Curso, Dissertações e Teses

Uma boa dica é começar e terminar qualquer trabalho sempre no mesmo editor de texto. Não raro, recebo pedidos de socorro, de pessoas de outras áreas. Os pedidos eram quase sempre de ajuda na formatação dos textos. Incompreensão das normas da ABNT.

Um dos problemas, mais comum, em algum momento fizeram uso do *BrOffice*, do *LibreOffice* ou do *Word*. A finalidade desses *softwares* é a mesma, mas os recursos empregados no desenvolvimento deles varia. É necessário fixar um formato.

Por exemplo, é possível no *LibreOffice* escrever um documento ".docx", que é um formato do *Word* 2013. Para que isso ocorra é preciso marcar esta opção no momento do ato de salvar o arquivo, ou se coloca ".docx" ao fim do nome ou se marca esta possibilidade. Do contrário, será salvo com a extensão ".odt".

Não há problema em se fazer trabalhos com extensão ".odt", mas é preciso aceitar que ele só será aberto em outro *LibreOffice*, no *Word* haverá deslocamento de caracteres, imagens e distorções na fonte. Outras pessoas preferem fazer uso do *Látex* ou similar, que permite formatar o texto por completo. A beleza de fórmulas nesse tipo de ferramenta é inegável. Resolvido e escolhido o editor de texto, tenha em mente os itens obrigatórios. Para não cair em tentação de alterá-los por descuido, uma opção é manter um arquivo com eles, exceto o sumário e outro arquivo a partir do sumário. Uni-los apenas na geração do "*.pdf*" final.

Vamos aos itens obrigatórios:

1 – Capa, contracapa, sumário de capítulos, índices de tabelas e figuras (quando houver no texto) e uma página para traduzir termos ou expressões, além do resumo e *abstract*. Não são obrigatórios: dedicatória, prólogo, mensagens, agradecimentos.

2 – Introdução deve ser curta, a perfeita não extrapola cinco parágrafos, e a conclusão jamais deve ser maior

que a introdução. Pense em uma introdução de cinco parágrafos. O primeiro deve ser usado para apresentar o problema pai. No segundo, alguns filhos, estes serão detalhados na revisão da literatura.

No terceiro parágrafo deve-se indicar qual a linha, dentre os filhos, para a pesquisa e uma breve justificativa, para que no quarto parágrafo haja a apresentação de objetivos superficiais. O último apresenta os capítulos seguintes, resumidamente, sempre pensando em textos de até sete linhas.

3 – Objetivos, cobrados injustamente. O que de fato ocorre é que os temas são propostos pelo orientador, ele tem em mente um objetivo, quase sempre relacionado a trabalhos anteriores, dele. Em muitas áreas, pode haver mudanças, durante o processo de pesquisa. Para alcançá-los, precisaremos escolher uma metodologia.

4 – Metodologia, deve-se expor o método da pesquisa praticada, ou seja, se é uma pesquisa apenas de

revisão de literatura, puramente baseada em dados coletados ou meio-termo ou outro tipo.

5 – Revisão da literatura, a busca por referência. Quase sempre há uma referência obrigatória, ofertada pelo orientador. A partir dela teremos que buscar as atuais. É preciso ter em mente que há um período de pesquisa, entre o ano vigente e no máximo cinco anos anteriores. Desta forma estando em 2018, no máximo, poderemos ter referências de 2013.

O motivo por trás desta regra é simples, não estamos criando, mas transformando a partir do que já existe, e para saber o que existe, olhamos para o presente. Não se desqualifica, o uso de referências antigas, visto que há autores consagrados, já falecidos e a partir deles surgiram as linhas de pesquisas.

Não se faz procura por artigos diretamente no Google, se usa O Google Scholar, uma versão acadêmica exclusiva para pesquisa, nela se pode estabelecer o período de pesquisa, que não pode ser superior a cinco anos, o local e o idioma, ou seja, posso pesquisar por saúde da família no Brasil e no mundo.

Nota de esclarecimento: o período da pesquisa não pode ser longo, o motivo é simples, você autor não criou a linha de pesquisa, está se baseando em quem está a mais tempo trabalhando com isso, logo, é esperado que haja vasta produção e diversidade, assim, encontrar trabalhos recentes nos permite apresentar dados atuais, do contrário estaríamos falando da crise do desemprego no Brasil de 2020, em plena pandemia, com dados do Brasil de 1902, em que a população daquela época era menor que o do estado de São Paulo dos dias atuais.

Porém, o *Google Scholar* não é a melhor ferramenta. Deve-se focar na área, a minha por exemplo, tem ampla base na *ACM* e *IEEE*, associações internacionais. Em outras palavras, um artigo nessas bases tem mais importância que um achado no *Google Scholar*. Nada impede que artigos dessas associações apareçam na busca da ferramenta escolar do *Google*.

É preciso saber qual a melhor base de sua área de atuação e buscar diretamente nela. Existe um número mágico de citações únicas, ou seja, uma quantidade mínima para preencher as referências. No caso de uma graduação, temos 30 trabalhos relacionados, pelo menos.

As citações devem ocorrer na introdução, na revisão da literatura e, apenas, nas apresentações dos resultados como instrumento de aferição da pesquisa. Nunca se usa uma referência na conclusão.

6 – Resultados, acompanhados de uma revisão da literatura, obrigatória. Pelo menos 60% do trabalho deve ser preenchido pelos resultados alcançados. Para isso, dividimos em três partes.

A primeira com a revisão da literatura, apresentando três cenários e trabalhos relacionais, usando todas as referências do trabalho (é proibido citação sem referência, vice-versa). A segunda parte esclarece seus objetivos, total ou parcialmente cumpridos.

É preciso deixar claro qual a escolha, qual cenário mais se aproxima do seu objetivo e a importância dele para a produção dos resultados esperados e dos alcançados. Há uma diferença entre eles.

Essa segunda parte é especial, pois logicamente, um trabalho de conclusão de curso deve ser planejado por etapas, sequenciais. Na prática, as referências, revisão de literatura e metodologia, ficam prontas antes de qualquer outra. Os objetivos sofrem essa inversão e são editados juntos com a introdução.

Essa mudança de fluxo, habitualmente rompe a compreensão de muitos alunos, consequência disso é que teremos textos desconexos, onde a introdução se torna confusa e extensa, destoando dos resultados e da conclusão. É um pecado comum, infelizmente.

7 – Conclusão, para cada capítulo deve haver um parágrafo aqui e os dois últimos parágrafos devem expor o que foi construído e o que ainda pode ser, caso

o projeto de pesquisa tenha continuidade. Em outras palavras, a conclusão é um resumo de todos os capítulos com uma discussão e proposta futura, finalizando o debate.

8 – Referências Bibliográficas ou Referências, usa-se a segunda, sempre! Isso pelo fato de nos trabalhos relacionados termos livros e materiais eletrônicos. Nos jornais internacionais, a maioria irá pedir em ordem de citação, aqui no Brasil, seguindo a ABNT, em ordem alfabética. Contudo, algumas considerações não são claras, mas devem ser cumpridas. Não se consideram pesquisas de mesmo nível, ou seja, um TCC não pode citar outro TCC, por exemplo.

Pesquisas apresentadas em blogs, canais, revistas populares, jornais locais ou nacionais, devem ser evitadas e a fonte deve ser encontrada, isso significa que, se estamos preocupados com o desemprego no país, a primeira coisa é buscar os dados oficiais do IBGE ou IPEA. Desta forma teremos todos os dados, e não as parciais, como tais editoriais rotineiramente manipulam.

Jornais e Revistas, só os específicos das áreas, dando preferências aos que tenham uma nota, algumas pessoas preferem seguir a CAPES e analisar se são A1, A2, etc. Eu prefiro o padrão internacional, em números. Artigos com fator RH inferior a 1, são de baixo impacto, os brasileiros entram nessa faixa, a maioria, mas temos conseguido subir nosso impacto em diversas áreas, da biomedicina, computação, farmácia, química, uma lista diversificada com concentração de universidades tradicionais como fonte promotora da pesquisa. A *Nature*, tem fator RH de 34 mil, por exemplo.

O que significa esse fator de impacto, significa que aquele artigo ou o jornal recebeu um número de citações em um período de um ano, cinco anos ou dez anos. Quanto maior a quantidade de citação, maior será o impacto. Ter seu nome associado a trabalhos com muitas citações confere credibilidade.

Um dos fatores que excluem a pesquisa brasileira do cenário internacional é a língua, o português não é um idioma conhecido no contexto acadêmico, a língua oficial neste contexto é o inglês. Eventos nacionais, em sua grande maioria pedem artigos em português, alguns poucos deixam a opção do inglês (restrito ao resumo) ou espanhol.

Ao longo dos anos criei uma lista de bases confiáveis de onde retiro os artigos para leitura, aquelas que notadamente são recheadas de citações, minha lista de maiores bases, inclui: *ACM, IEEE, Nature, Science, CiteSeerX, Google Scholar, Open Library, SpringerLink, EconLit, Science.gov, PubMed, SciELO, ERIC, ScienceResearch.com, Elsevier, Thomson Reuters.* Deve-se dar preferência aos artigos com maiores citações, sempre que possível.

Para encerrar este capítulo, o resumo ou *abstract*. É preciso ter atenção com eles. A ABNT pedirá sempre os dois. Em eventos internacionais, apenas o *abstract*. Um erro comum que vejo é a tradução literal feita pelo *Google* tradutor. Uma dica é traduzir de volta, se o nem você compreender, traduzir de novo. Uma boa dica é usar o corretor do tradutor e a melhor dica: pedir ajuda a quem escreva em inglês.

Em geral, o máximo de palavras será 500. A depender do evento, esse valor cai a 100 ou 200 palavras. Chamadas de capítulos para um livro, por exemplo, costumam pedir uma proposta em forma de resumo e caso aceito, o capítulo completo.

No desespero, já vi pessoas construírem o resumo mesmo sem ter o capítulo. Quando o milagre ocorria, a correria e dias sem dormir consumiam a vida, até se escrever o capítulo. O resultado desse tipo de trabalho é, retrabalho.

É comum ter resultados e não saber estruturá-los. Capítulos de livros podem ter pelo menos 20 páginas, mas, devem seguir o padrão da editora. O melhor a se fazer é, antes de submeter um resumo, olhar o modelo do capítulo, com atenção. Cada linha do resumo deve significar um capítulo dentro deste modelo, compreenda que capítulo aqui é o mesmo que tópico, seção.

Essa forma de trabalhar nos permitirá concluir a proposta do capítulo sem sufoco e sem a necessidade de revisar oito vezes. Falhas de escritas acontecem, mas elas não podem destruir a apresentação dos resultados.

A *Nature*, revista da qual gosto muito e já tive um aceite, inclusive fiz treinamento de revisor com editores dela. Ela indica palavras a serem usadas e aquelas que devem ser evitadas no processo de submissão. Muita gente ignora tais recomendações, e mesmo com bons trabalhos, recebem a rejeição.

O científico não deve nem precisa ser difícil de ser compreendido, pelo contrário, a abordagem deve ser o mais simples possível, para que o maior número de pessoas possam compreender e questionar. A ciência não se faz com respostas, mas com dúvidas.

Eu, particularmente, reservo um dia exclusivo para a construção do *abstract*. O motivo é simples, ele poderá ser o responsável por ter seu artigo aceito ou rejeitado. Se não ficar claro que há resultado a ser apresentado, não haverá interesse no artigo.

As ferramentas de buscas, recomendam artigos pelas palavras-chavo, pelo resumo. Outro ponto questionável, como escolher as palavras-chave? É simples. Elas devem cumprir um papel, resumir suas referências, seus resultados e a hierarquia do seu trabalho.

Ou seja, se nosso artigo fosse sobre economia do Brasil, a primeira palavra-chave seria inflação, a segunda recessão e a terceira reformas. Impossível escrever um artigo com essa temática sem essas direções.

O resumo de um trabalho é a imagem vendida, se for bom será aceito, do contrário, às vezes, é melhor refazer do zero do que reeditar. Reescrever dá muito trabalho.

O Modelo de Construção de uma Dissertação em 10 dias

A seguir temos um modelo de edição de trabalhos de final de curso, seja para a graduação, mestrado ou doutorado. Este modelo permitirá sua edição em um prazo máximo de dez dias, desde que haja resultados consolidados. Perceba que aqui estão os detalhes de como apresentar seus dados e não os dados de seu estudo, algumas pessoas estão procurando por modelos e só aceitam se este for para a sua área, curso, não existe isso.

Tive amigos que pediram prorrogação quanto ao prazo para a defesa do mestrado, o motivo sempre o mesmo, precisavam melhorar os resultados. Os que pediram não conseguiram concluir, eu segui meu modelo e apresentei antes dos dois anos. O problema é que não importa se estamos em uma instituição pública ou privada, existirá um orientador para muitos alunos.

Por melhor e maior que seja a boa vontade do orientador, ele tem uma vida, família, cachorro, casa, carro e irá te ofertar um dia na semana, combinar uma hora para apresentar os pormenores, lendo quando possível em cinco minutos tudo que tenha sido feito. Esses cinco minutos precisam produzir resultados, para isso um modelo para seguir de fluxo.

Neste capítulo iremos apresentar um modelo e um fluxograma. A seguir um modelo genérico com cinco capítulos, *ACW* (2016).

Capítulo 1: Introdução

* Introdução

Neste primeiro parágrafo de seu trabalho planeje o que será dito, revise, e edite. O primeiro parágrafo deve ser geral, ou seja, não detalhar, mas deve fornecer a base para o parágrafo seguinte. Especialmente acho interessante quando começa com um questionamento ou dado atualizado da área, com sua fonte devidamente citada.

* Visão geral do problema

Quando se chega ao segundo parágrafo é importante que ele provoque o leitor a pensar no problema, então use essas linhas linhas para mostrar a gravidade do problema, sua complexidade e cite algum autor que já fez esse estudo ou está fazendo, encerre comentando o que mais importa dentro desta problemática.

* Estado do problema

A continuação, pega o gancho do trecho anterior e esclarece o motivo do estudo deste trecho de problema, indicando quais linhas norteadoras devem aparecer em seu estudo, o seu trabalho começa a ganhar corpo aqui.

* Proposta de estudo

Criada a expectativa do debate, deve-se propor o estudo, quais objetivos primários e secundários imediatos que serão vistos ao longo do trabalho. Apresenta estatísticas ou local de estudo, ferramentas empregadas e duração do estudo.

* Questões a serem pesquisadas

Mostre as questões éticas, filosóficas e práticas da pesquisa, sua complexidade e estrutura organizacional, funcionamento, eventual ciclo de etapas ou fluxo lógico de aprendizado. Permite que o leitor compreenda que pode ser sim reproduzível, mas que seu trabalho apresenta um fator inovador, de relevância.

* Significância do estudo (o essencial do estudo)

Traduza em dados o essencial de seu estudo, o que ele difere de outros trabalhos, por exemplo, citados acima, impacte o leitor com informações por exemplo, de descoberta de uma nova característica ou ganho de desempenho. Todos, sejam profissionais, professores ou alunos, ao ler um texto técnico, espera dele relevância, que acrescente algo ao tema que ele propôs apresentar.

* Definição de termos

Defina termos marcantes, apresentes dentro do contexto de seu estudo, cita os autores de maior impacto e maior relevância nesta terminologia. Dê um exemplo simples, contextualizado para seu trabalho, talvez seja a parte mais difícil da introdução.

* Assuntos, abordagens, limitações e delimitações

Limite e defina o motivo deste, delimitando as razões e os recursos envolvidos na pesquisa, do material acessado ao tempo investido, para que o leitor não crie falsas expectativas de abordagem de assuntos em seu trabalho. As expectativas devem ser atendidas, para isso, prometa apenas o que realmente será apresentado, e apresente de forma clara (com pouco texto e quando possível, imagens ou gráficos).

* Conclusão

Indique o que virá a seguir, os capítulos seguintes e o que eles representam dentro de seu trabalho, é um resumo dos capítulos seguintes. Uma linha para cada capítulo, no mais que isso.

Capítulo 2: Revisão da Literatura

* Introdução

Esta apresentação da revisão da literatura deve ser a expansão do que começou a ser dito na introdução. Neste capítulo, o leitor espera que citações similares ou mais relevantes que as encontradas na introdução sejam apresentadas.

A revisão da literatura é a parte de seu trabalho de fim de curso que mais cabe citações, nunca deve ser apresentada menos de 20 referências. Em um trabalho de fim de curso, é esperado entre 30 e 50 referências, isso devido ao fato de que se compreende que o autor é um aluno com anseios de se tornar um profissional da área, mas, sem a devida prática, há nele uma bagagem técnica e teórica de relevância e uma base prática tutoriada, ou seja, assistida por recursos da instituições, que vão do professor das disciplinas práticas, aos monitores ou estágio supervisionado.

Logo, para um trabalho de fim de curso de graduação, é esperado que tenha a cara de uma ou do grupo de disciplinas que aquele aluno teve mais afinidade no decorrer do curso, e se avalia o aprendizado do aluno dentro deste grupo de temas e recorrência, ou seja, há pouco elemento inovador esperado e muito trabalho braçal, para expor e compor o trabalho.

Para o mestrado, se espera uma lista a partir de 60 trabalhos, e o projeto deve apresentar a solução otimizada de um problema, que pode ser conhecido ou pouco percebido, se distancia de temas limitados a disciplinas, para preencher o escopo de áreas e problemas ligados a estas áreas do conhecimento.

No Doutorado pode inclusive propor uma nova linha de estudo, entende-se que deve se apresentado algo que ninguém tenha feito ainda.

* Descrição da pesquisa

Não repita o que foi apresentado no primeiro capítulo, a introdução, mas continue a partir desses conceitos, crie um parágrafo de apresentação de seu cronograma de pesquisa, uma tabela que deverá apresentar seu fluxo de projeto e desenvolvimento, ou pode ser um gráfico, o ideal é que seja apresentados os problemas e soluções desenvolvidas, bem como o ritmo de seu desenvolvimento.

Cabe nesta parte do trabalho, expor os trabalhos tiveram maior relevância dentro do estudo inicial, aqueles que foram descobertos em um segundo momento e sua relação contextualizadas com eles.

* Conceito ou *Framework*

Todos estão na expectativas para conhecer o conceito por trás do título e de tudo que foi escrito até aqui, defina claramente seu conceito. Apresenta um gráfico ou tabela ou imagem para marcar e fornecer o gabarito ao leitor, pois ele pode ter criado uma imagem na cabeça que não é aquele que você quer apresentar.

Se e quando, seu conceito não é suficientemente claro aqui, nesta parte da revisão da literatura, a tendência é que o leitor se sinta frustrado ao ler a apresentação dos resultados, e isso, quando o leitor é um membro da sua banca de avaliação, significará redução na sua nota final. É como, por exemplo, ouvir deles, após a apresentação do trabalho final que: "sua apresentação esclareceu algo que não encontrei no texto e que achava ser outra coisa".

* Revisão de pesquisas (organizada por variáveis ou temas)

Liste seu processo de revisão da literatura e como essa revisão impactou no seu projeto, quais etapas foram inseridas ou removidas, dentro de quê contexto e qual impacto no resultado final. A consolidação dessas etapas permite que o leitor mensure o esforço e dedicação empregada pelo aluno, isso impacta ou pode impactar na nota final, então, é ideal que se

valorize, insira cada mudança e sua necessidade, é
sua primeira tentativa de expor seu esforço.

Capítulo 3: Metodologia (Qualitativa)

* Introdução

* Design da pesquisa

* Questões da pesquisa

* Configuração

* Participantes

* Dados coletados

* Dados analisados

* Conclusão

Capítulo 3: Metodologia (Quantitativa)

* Introdução

* Design da pesquisa

* Hipóteses e levantamento de questões

* População e amostragem (nunca menores que uma centena)

* Instrumentos

* Dados Coletados

* Dados Analisados

* Conclusão

Capítulo 3: Metodologia (Mista)

* Introdução

* Design da pesquisa

* Apresentação de hipóteses e questões

* Configuração e amostragem, exemplos

* Coleta de dados

* Dados analisados

* Conclusão

Capítulo 4: Pesquisa encontrada/ Resultados

* Introdução

* Resultados (organizados por questões e hipóteses)

* Conclusão

Capítulo 5: Conclusão, discussão, e sugestões para pesquisas futuras

* Introdução

* Resumo dos resultados

* Conclusões (organizadas por hipóteses ou questões)

* Discussão

* Sugestões de pesquisas futuras

* Conclusão

Com este modelo, seu trabalho será transcrito sem grandes problemas. Perceba que foram mostradas três formas para a construção da metodologia. Contudo, a fonte, letra, margens e logotipos não serão apresentados, pois ficam a depender do padrão de cada instituição.

Mesmo nas universidades públicas, o modelo de capa pode variar um pouco. As margens nacionais tendem a ser as mesmas, com um centímetro para a perfuração das folhas para a encadernação, ou seja, com o lado esquerdo sendo um centímetro maior que o direito (com 2,00 cm). No Brasil a letra deve ser Times *New Roman* ou *Arial*.

Eventos, fornecem seu modelo pronto, bastando escrever por cima. As universidades fazem o mesmo ou deveriam, contudo, esse modelo nem sempre é de fácil acesso. Consulte a Biblioteca de sua instituição. O modelo pode ser *Word* ou *Látex*.

Fluxograma

Os números indicam a ordem do fluxo (ACW, 2016). Artigos seguem o mesmo fluxo (nossa segunda parte do guia).

1 – Encontrar uma ideia para a pesquisa

2 – Hipóteses ou Estado da Pesquisa

3 – Esboço

4 – Reunião de Técnicas

5 – Participantes

6 – Entrevistas/Questionários

7 – Documentar as análises/ Outros

8– Decisão sobre as fontes de informações

9 – Design/Formato da Pesquisa

10 – Editando as informações

11 – Salvando os dados

12 – Escrevendo o trabalho

A partir do tópico 7 é onde muitos se perdem seguindo as orientações de seus orientadores, se matando em busca de novos resultados. Se você cumpriu todos os itens acima, impossível precisar de mais detalhes, será preciso apenas reescrita. Cumpra o padrão, 60% do texto para apresentação dos resultados, pelo menos.

Percebam ainda que entre o 7 e o último item há um *loop*, necessário para edição, revisão anterior e após submissão.

Como escrever Artigos Científicos em 24h

Artigos costumam ter até dez páginas, o que pode ser escrito em 24 horas, sem problema algum. Para que isso seja viável é preciso seguir algumas recomendações e práticas, como veremos neste capítulo.

Tão importante quanto publicar é ter responsabilidade sobre. Infelizmente, nesse quesito, o Brasil tem muitas contraindicações. A autocitação, é normal, mas tomar como seu, resultados de terceiros não deve ser, e tem ocorrido. Pequenos erros são aceitáveis, os erros não irão formar a base para a rejeição de um trabalho, desde que eles não afetem os resultados. Uma forma de reduzir a possibilidade de erros é fazendo uso de linguajar simples, quanto mais simples for, menor a possibilidade de o erro ser considerado grave.

Para evitar tal comportamento, existem quatro princípios, internacionais. O localizável, o acessível, o interoperável, reusável. Com eles podemos produzir conhecimento de forma justa. Este guia, por exemplo, tem uma linguagem acessível e modelos reusáveis.

Plano de Administração de Dados

Construa seu plano baseando-se em um dos quatro princípios, modelo Hoolft (2016).

Localizável: que é fácil de ser encontrado, tanto por humanos quanto por sistemas de computadores. Nesse caso, foque no resumo.

Acessível: portável, que pode ser baixado em formatos compatíveis a todos, *download* em braile ou áudio ou ".pdf", por exemplo.

Interoperável: combina recursos humanos e de sistemas.

Reusável: pode ser usada por várias linhas de pesquisas.

Como escrever

O que escrever em um artigo, é uma pergunta corriqueira. Termos longos, frases longas, linguajar de baixo calão, devem ser evitados. A seguir temos as boas práticas.

O que devemos escrever?

É preciso ser claro, fácil de ser lido e objetivo. É preciso ter uma história convincente, em outras palavras, toda história merece ser contada, a forma como contamos é o diferencial. Neste ponto o tamanho dos parágrafos pode influenciar na clareza das ideias.

Apresente ideias, não técnicas ou modelos. Exiba sempre que possível imagens e gráficos. Nos resultados, compare, seja com versões anteriores dos resultados ou com trabalhos semelhantes, mas não idênticos.

O estilo da escrita

O tipo de sentença utilizada. Uma sentença clara é formada pelo sujeito, verbo e o escopo. É uma tradução do trabalho de Legout (2013). Um exemplo disso, duas frases comuns em inglês:

"*We did a review of the evolution of computers.*" Errado.

"*We reviewed the evolution of computers.*" **Correto**.

Em português temos.

"Os dados coletados indicam um crescimento recente da violência de forma uniforme." Errada.

"A violência tem crescido, como mostra a tabela a seguir." **Correto**.

Outros exemplos:

"*There is opposition among many voters to nuclear power plants based on a belief in their threat to human health.*" Errado.

"*Many voters oppose to nuclear power plants because they believe such plants threaten human health.*" **Correto**.

Mais um exemplo, este comum a um vício do português e que não raro se tenta levar na tradução.

"*A revision of the program will result in increases in our efficiency in the servicing of clients.*" Errado.

"*If we revise the program, we can serve clients more efficiently.*" **Correto**.

Primeiro exemplo

Aqui temos um exemplo de artigo submetido e aceito. Trata-se de uma solução que ajudei a produzir enquanto trabalhava na SMDH, no time de verificação. Existia um bug, e após sua solução se quis avaliar se a migração para outra linguagem de programação traria benefícios.

Na estrutura empregada era preciso mais de 24h simulando, ou seja, para compreender melhor, para aqueles que não são da área da computação, o computador ficava processando dados. O problema por trás disso era que a internet fica lenta ou caia, a energia também podia cair e se perdia os resultados. Com a nova tecnologia empregada esse tempo foi reduzir a menos de 6h, ainda que o consumo geral, ou seja, de dados gerados ficasse bem próximo do anterior.

O resultado era menor tempo de simulação e maior agilidade na vistoria, assim, teríamos mais tempo para analisar os erros encontrados.

O peso do que se tinha e o que a migração de tecnologia proporcionou foi listado, pesado e apresentado, como a seguir:

A verification environment with integration of SystemC and Verilog/SystemVerilog.

By Joel Oliveira, SMDH Design Systems

Introduction

In June 2012, in partnership with Chipus Microelectronics and SMDH, was presented, the largest fair of embedded systems in Latin America, Brazil Embedded System Conference - ESC 2012, the first microcontroller produced by companies 100% Brazilian. The ZR16 is a device general-purpose 8-bit with software and hardware proprietary. The digital blocks are optimized, while the analogue blocks have high added value, allowing greater flexibility in the adaptation of dedicated projects.

Such a project requires a complete verification environment for top-level digital. This environment was created in SystemC, integrated individual blocks in Verilog and SystemVerilog. What was a challenge in the integration of the three languages?

Methodology

The environment must contain a virtual clock for testing between blocking and non-blocking; The environment should allow testing asynchronous reset. It is necessary tests that simulate power-off supply at any time during the processing. Using Specman and SystemC as languages for verification. The problems encountered with the SystemC language. Troubleshoot ancient environments in SystemC, whose migration to the new language will bring negative impacts at the functionality of the environment. Temporal models.

Creating a virtual clock for testing between blocking and non-blocking, synchronizing data checks. The need for compatibility operating system and the library of SystemC. Using the UVM methodology in SystemC environments as a way to increase the reliability of the environment. Integrating the concepts of E-language and SystemC. Prevention of failures in the RTL through a more thorough check.

The Challenge

Our IT team decided to upgrade the operating system to make our desktops faster. However, this update has generated conflict with SystemC. The environment stopped working. Use old environments with new OS and tools.

Results

Solve the problem of integrating the operating system with SystemC was possible with the integration between Specman and SystemC. This represented a 40% gain in efficiency of the verification environment.

It was possible to see internal conditions more easily, reducing the total scan time in digital blocks. However, the biggest gain was in environments with SystemVerilog UVM methodology.

In this case, the forecast was for three months for each environment. Reduced to little more than a month, well above expectations.

Conclusion

The challenge of integrating multiple languages brought gains efficiency. This efficiency was felt optimizing the results of directed tests. The size of the log files. Consumption of computer memory for the simulations. Finally, reduce the time of each simulation.

Proposed Abstract Takeaways:

1 - The importance of having temporal tests and the problems generated by the use of SystemC in such tests. A timeless model to test combinational and sequential blocks alters the function of checker allowing relevant data are ignored. Such tests allow simulating a usage scenario for the future integrated circuit, avoiding possible design flaws; 2 - The common faults of language SystemC. Occurs mainly when using variables declared out of order. The compatibility of the SystemC library with OS versions released in 2010 is another point to be thought. Updates made to order to make such systems faster data processing has created conflicts with SystemC, which commonly abort simulations, threads and methods, causing headache; 3 - The need to work with virtual clock and asynchronous reset to ensure the proper functioning of RTL tests. A virtual clock can generate delays in the verification environment, which allows you to check properly the communication between combinational and sequential blocks. Among these blocks, there is a

delay in the change of the output data. The reset allows checking failures that could lock the device as well as simulations shutdown.

Comentários: o problema foi conhecido, estudado, pesquisado alternativas e testados soluções, a melhor dela foi transformado em um resumo estendido. Escrito no mesmo dia, em poucas horas e aceito. O termo do aceite será apresentado a seguir.

SPEAKER AGREEMENT FOR CDNLive 2014 ("Event")

By participating as a Speaker at the Event, you are agreeing to the following:

1. You will not be paid for your services as Speaker, nor will your expenses be reimbursed, unless you have a separate agreement with Cadence Design Systems, Inc., including its affiliates (collectively "Cadence") regarding the Event. No fees will be paid on account of any reproduction or distribution of any materials that include any aspect of your participation in the Event.

2. You grant Cadence the right to make spelling and grammatical changes to any documentation that you submit.

3. You will use reasonable efforts to adhere to Cadence's presentation and speaker guidelines for the Event, including, but not limited to, deadlines for producing materials, presentation file format (PowerPoint file), presentation length, and similar requirements.

4. Neither you, nor your employer, may substitute another speaker in your place. If you cannot fulfil your commitment or as Cadence shall deem appropriate, Cadence may, in its sole discretion, cancel the presentation or choose another speaker.

5. Cadence may record, in any format, your participation in the Event. Cadence may publicly display, reproduce and distribute this recording, including your presentation materials, in any media now or subsequently known, at the Event, on Cadence's website and in other Cadence sponsored events, but only in its entirety or unedited portions thereof. Cadence may also use the recording for Cadence's internal use.

6. Cadence shall reproduce any copyright or other legal notices that you include in your submitted presentation materials.

7. You understand that it is your responsibility to secure any necessary permissions and/or licenses in the event that any materials used in your presentation contain the work of other individuals or organizations, including, but not limited to, copyrighted music, images or other materials. You certify that you have secured the necessary permissions to any such third party material or have not used any third party material in the presentation.

8. You are over 18 years of age and have the right to contract in your own name, and to make the above commitments on your own behalf and on behalf of your employer. You understand this statement binds you, your employer, and your respective legal representatives, assigns, and heirs.

9. This Speaker Agreement is governed by the laws of the State of California, USA, and may not be modified except by a writing signed by both parties.

If you have any concerns, questions or comments regarding your speaking opportunity or the speaker agreement, please contact the CDNLive Speaker Management team at cdnlive@cadence.com

Participant Company: _Santa Maria Design House (SMDH)_

Title of Presentation: _A Verification Environment with integration of SystemC and Verilog/SV_

Speaker's Name: _Joel Gonçalves de Oliveira_

Title: _Eng. Verification_

Signature: _[signature]_ Date: _28 Jan. 2014_

A voz passiva vs. a voz ativa

Exemplo:

Voz ativa: eu perdi meu telefone.

Voz passiva: meu telefone foi perdido.

Quando usar?

A voz passiva deve ser empregada sempre que não houver necessidade de nomear o sujeito, exemplo a seguir.

"O presidente foi eleito com 58% dos votos válidos." Não é necessário dizer que os eleitores elegeram o presidente, isso é redundante.

Assim, a voz passiva deve ser empregada sempre que não for necessário nomear, for possível comparar entre detalhes e discussão, houver um ponto claro a ser mostrado.

É o modelo científico de escrita, favorece a tornar clara a apresentação dos resultados, mesmo em áreas complexas, como física e similares, com seus cálculos ou fórmulas gigantes.

Quando usar a primeira pessoa e quando usar a terceira pessoa

Na apresentação de resultados, está subentendido que os autores estão mostrando os dados e conclusões, baseando-se em sua pesquisa. Logo, sempre será escrita na terceira pessoa. Nesse contexto, sempre que possível, o conceito de coletividade deve ser empregado nas frases.

É errado afirma que, eu pesquisei no comitê de segurança da ONU e vi dados alarmantes sobre a fome no mundo. O correto é, o comitê de segurança da ONU alerta em seu relatório sobre a fome.

A perfeita frase é curta. Será preciso revisar e quanto mais longa a frase, pior fica esse trabalho. Pense em parágrafos como uma construção, é preciso ter coesão entre as frases. Procure por vírgulas e pontos, se não forem encontradas nas duas primeiras linhas, refaça.

No processo de revisão, dê preferência aos parágrafos, eles precisam fazer sentido e as frases claramente ordenadas. Reescreva-os com o intuito, sempre, de seguir um passo a passo. Um exemplo, também em inglês, mas que se reflete e muito no português.

"*Competition by Asian companies with American companies in the Pacific is the first phase of this study. Labor costs and the ability to introduce new products quickly in particular are examined. A plan that will show American industry how to restructure its facilities will be developed from this study.*" ERRADO.

Reescrevendo, temos:

"*In the first phase of this study, we examine how Asian companies compete with American ones in the Pacific region. We examine in particular their labor costs and ability to introduce new products quickly. We develop from this study a plan that will show American industry how to restructure its facilities.*" **Correto.**

É comum se ouvir, leio um livro de 500 páginas e não me canso como quando leio um artigo de 15. Essa sensação de fadiga chega primeiro na revisão, quando não resolvido passará para os editores, que rejeitam sem pensar duas vezes. Já um livro é escrito para criar uma realidade paralela e sensorial.

A consistência dos tópicos

Se um tópico é tão curto que não chega a três parágrafos, ele pode ser apenas um subtópico. Um artigo científico precisa estar escrito de forma objetiva, indo direto aos resultados e consequência ou benefícios trazidos.

É uma excelente prática usar o paralelismo, o que é isso? Simples, ao invés de criar longos parágrafos, rotulamos condições: primeiro temos, segundo…, o terceiro cenário mostrou-se o mais produtivo, etc.

É fácil determinar quando uma sentença está clara, pois chegamos ao fim dela sem dúvidas. Para alcançar este padrão, inicie com um verbo a sentença ou causa ou resultados. Reescrever sempre que necessário.

Escrevendo a história

Já vimos como escrever os resultados, e a importância da clareza, agora iremos ver como escrever nossa história, nossos resultados. Para começarmos temos uma bela frase do Darwin.

"Looking back, I think it was more difficult to see what the problems were than to solve them".

Acompanhe as perguntas a seguir.

— Qual o problema de sairmos do general para o específico?

— O impacto!

— Qual a solução?

— Suas contribuições!

Então, não é preciso produzir mais resultados, como a maioria dos orientadores irão pedir. É preciso sim, reescrever! Os erros comuns são escrever demais e relendo aparenta ser a mesma coisa. Sintetize!

Quando as frases ficarem longas, as explicações cansativas, dê um exemplo geral e opine. Evite ambiguidades, superlativos, diminutivos. Use escalas, porcentagens, comparações de nível (aqueles entre várias imagens, enumeradas de 1 a 3 ou a, b e c). Imagens podem ajudar a descrever, quando nos faltam palavras.

Um erro grave é usar citações como se fossem parte do texto, dizer que em Arthur ou em [1] o autor mostra que. Quando devemos fazer uso da seguinte forma, "vimos [1] mostrar que". Nunca, nunca, re-use o texto que não é seu. Citações longas diminuem a importância de seu trabalho.

Compreendendo e preenchendo as estruturas internas

Composição interna

O que deve estar descrito em cada um dos tópicos básicos de um trabalho científico, veremos a seguir:

É preciso deixar claro que existem alguns tipos de estruturas, aqui irei apresentar dois modelos que considero de maior uso.

1 - Introdução

Este item é indispensável em qualquer trabalho, aqui iremos apresentá-lo em duas versões. A versão "*short paper*" e trabalho completo. Trabalhos completos entendemos como trabalhos de conclusão de curso (TCC), dissertações e teses, capítulos de livros, livros. Para este tipo de trabalho, evita-se o uso de figura na introdução, mas a introdução pode ser longa.

É preciso compreender que na introdução deve existir os seguintes tópicos:

1 - introdução

2 - histórico do problema

3 - enunciado do problema

4 - propósito do seu estudo

5 - questões da pesquisa

6 - significância do estudo

7 - definição de termos

8 - pressupostos, limitações e delimitações

9 - conclusão

Cada um dos nove itens acima deve figurar na introdução de seu trabalho. É importante atentar para o seguinte fato, tais itens são esperando tanto em *short paper* quanto em trabalhos longos. É especialmente difícil conseguirmos cumprir com eles em artigos curtos, aqueles com até cinco páginas, pois não é viável transformar cada item em um parágrafo.

Vamos as dicas:

1 - em trabalhos longos, transforme cada um dos itens acima em pelo menos um parágrafo; em artigos curtos precisamos agir da seguinte maneira: os itens 1, 2 e 3 devem compor nosso primeiro parágrafo, com até sete linhas.

2 - os itens 4 e 5, devem compor o segundo parágrafo (estamos tratando de artigos curtos);

3 - os itens 6, 7 e 8 o terceiro parágrafo (para short paper);

4 - o item 9 deve apresentar todas as seções a seguir no artigo, isso significa dizer que: **na seção dois teremos a revisão da literatura, na seção três a metodologia, etc.**

Quando não conseguimos apresentar tais itens perdemos pontos e qualidade, já no começo do trabalho, o que impacta na avaliação geral.

2 - Revisão da Literatura

A revisão da literatura é um trecho maior que a introdução, mas com menos itens a serem apresentados, são eles:

1 - introdução

2 - descrição da pesquisa

3 - conceito ou framework teórico

4 - revisão da pesquisa (organizada por variáveis ou temas)

Aqui, em trabalhos longos teremos uma página para o item 1, uma página para o item 2; duas páginas para o item 3; até 5 páginas para o item 4.

Para artigos curtos, devemos planejar essa apresentação, os itens 1 e 2 devem compor um único parágrafo, já o item 3 deve chamar o item 4, isso mesmo, o item 4 se transforma em tópicos geralmente, isso nos permite contemplar temas essenciais, sem tanto aprofundamento, que não podemos fazer devido a limitação de páginas.

3 - Metodologia

A metodologia é composta de dois modelos, uma quantitativo e outro qualitativo. O modelo qualitativo é composto de pelo menos 8 itens, como veremos a seguir:

1 - introdução

2 - design da pesquisa

3 - questões da pesquisa

4 - configuração

5 - participantes

6 - dados coletados

7 - dados analisados

8 - conclusão

Já o modelo quantitativo é composto de também de 8 itens, porém, com algumas diferenciações, como veremos a seguir:

1 - introdução

2 - design da pesquisa

3 - hipóteses e questões da pesquisa

4 - população e amostragem

5 - instrumentação

6 - dados coletados

7 - dados analisados

8 - conclusão

Em artigos curtos, é comum que haja um mixe de ambas metodologias, o que pode ser feito com 7 itens, como veremos a seguir:

1 - introdução

2 - design da pesquisa

3 - hipóteses e questões da pesquisa

4 - configurações e amostra

5 - dados coletados

6 - dados analisados

7 - conclusão

Lembrando que em artigos curtos a metodologia não deve ocupar mais que uma página. Em trabalhos longos isso deve ser preenchidos em até duas páginas.

4 - Resultados e discussões

Considerando um short paper, os resultados e discussões devem consumir duas das cinco páginas. Em trabalhos longos, esse item devem representar 70% do trabalho, desconsiderando os itens de apresentação, como capa, contracapa, índice de tabelas, figuras, gráficos, legendas, agradecimentos, apêndices, e similares. Assim, em um texto com 100 páginas, onde dez páginas são consumidas pelos itens já listados acima, é preciso que pelo menos 60 páginas sejam dedicadas aos resultados.

Este item é composto de três divisões básicas, a saber:

1 - Introdução

2 - resultados alcançados (listados por hipóteses e questões essenciais a pesquisa)

3 - conclusão (com contrapontos, comparações e demonstração de ganhos)

5 - Conclusão

Em trabalhos longos, cada item destes se transforma em uma página. Ela deve compreender os seguintes itens:

1 - introdução

2 - sumário dos resultados

3 - conclusões (organizadas por hipóteses ou questões)

4 - discussão

5 - sugestões de trabalhos futuros

6 - conclusão

6 - Referências

Dê preferências as referências com até dois anos de publicação, internacionais e publicadas em revistas especializadas. Não sendo possível, busque em congressos organizados por entidades ou jornais, artigos com registro com o DOI, devem ser prioridade. Mesmo sendo um artigo curto, não submeta com menos de 10 referências. Sendo trabalhos longos, para cada página de texto útil, isso que dizer, entre a introdução e conclusão, você precisará de duas referências. Seguindo o exemplo de 100 páginas, com dez exclusivas para itens obrigatórios, como capa, sumário e similares, temos 80 páginas de texto, considerando que até 10 páginas sejam dedicadas para as referências, que devem somar pelo menos 40, visto que nos resultados, não deve aparecer citações. Os resultados e a conclusão, devem abordar apenas o trabalho do autor, sem citações. Caberá o uso de citações apenas na discussão dos resultados. Assim, teremos um trabalho estruturado, claro e conciso. Cumprindo com estes itens, as chances de ter um trabalho aceito é de 95%.

Tabelas, gráficos e imagens

Dentro de um texto, para evitar a repetição de palavras, um bom recurso é o uso de imagens. Mas, é preciso conhecer o momento exato de inserirmos. Elas também são úteis quando não conhecemos o tema.

Na introdução e na conclusão, jamais insira uma imagem ou tabela. O que nos permite abordar dentro dos métodos, revisão literária e resultados. Se optarmos pela inserção dentro da revisão literária, temos que estabelecer um estilo.

Perceba o seguinte: falei revisão literária ou revisão da literatura, não revisão bibliográfica. Particularmente me irrita quando recebo um texto para revisão escrito: revisão da bibliografia, e nas referências não consta um livro, pelo contrário, o que temos são sites, blogs, artigos online. Compreenda o seguinte, se o uso não é exclusivo de uma demanda, isso quer dizer, se você não usa apenas livros, então não cabe o termo revisão bibliográfica.

Especialmente hoje, e essa data tem início em 2008, as referências se concentram em versões online de textos e trabalhos, logo, o correto é revisão da literatura ou literária. Especialmente, quando se trata de um aluno meu, a nota é ZERO, sem desculpas, nem direito a reedição, se no texto contém a expressão "revisão bibliográfica".

Voltando ao estilo definirá o seguinte: imagens são inseridas para exemplificar modelos, que serão comparados. É comum quando abordamos cenários.

Quando estamos trabalhando com cenários, teremos que mostrar pelo menos três, de autores distintos. Com isso teremos três imagens diferentes. Essa comparação é excelente no campo dos resultados e deixa o trabalho detalhado o suficiente para ser analisado por terceiros.

Regra número 1 – Nunca se inicia uma página com uma imagem. Deve ser introduzido um parágrafo que nos permite imaginar **como seria**, a imagem confirmando **como de fato é**, e um outro parágrafo **afirmando ou não o funcionamento.**

Esta regra evitará que tenhamos de regressar à página anterior para compreendê-la. Esse ato de regredir conta pontos negativos em apresentações de trabalhos, em submissão de artigos, *banners* e similares. Na submissão de originais, lembre-se: você está concorrendo com outros, qualquer descuido o deixará fora! E isso não significa dizer que seu trabalho seja pior que outros, apenas que você não soube exibi-lo corretamente.

Regra número 2 – Toda imagem terá uma legenda. O papel dela é informar a autoria, ano e *link* para encontrar a versão original ou se foi editada e um resumo breve. As legendas devem ter no máximo três linhas, compatíveis com as dimensões das imagens.

Regra número 3 – Sempre que possível, faremos uso de imagens de alta resolução ou gráficos que possam exprimir o mesmo. É comum autores apresentando um gráfico como uma consequência de uma imagem. Fique atento ao seguinte dado: Artigos (jornais ou revistas), TCC, dissertações, etc; todos são feitos com formato de folha A4. As imagens devem ter dimensões próximas aos limites da folha, ou seja, algo entre 8cm e 14cm de comprimento, isso nos permitirá deixar uma margem nas laterais, e uma legenda legível, sem parecer longa. Imagens menores que isso deixam a sensação de que a legenda é um texto grande, e quase sempre significa que aquela imagem pode ser removida.

Gráficos são apresentados sempre aos pares, ou seja, como era antes de processarmos algo e como ficou. Essa passagem de tempo nos permite avaliar a eficiência de um trabalho, *software* ou a evolução de um comportamento.

Se em nosso trabalho há apenas um gráfico, então, precisaremos de outro ou será necessário removê-lo.

Já as tabelas são um contraponto entre os gráficos e imagens. Não podem ser nem grande nem pequena. Prefira inserir tabelas com mais de cinco linhas e colunas, para preenchermos o espaço da folha, tal qual foi dito com as imagens. Tabelas também precisam de legendas.

A proporção ideal de uma tabela é seis colunas e seis ou oito linhas. O que nos permite avaliar uma janela de tempo ou características de um comportamento, ação, ocasião.

Como nada sabemos sobre nosso tempo, traremos imagens para expor os conceitos, gráficos para mostrar a evolução das pesquisas na área e tabelas para mostrar o custo, produção e impacto das pesquisas.

A melhor forma de apresentação é a centralização da imagem. Para garantirmos isso, devemos nos preocupar com as dimensões, cores e qualidade da imagem processada. O recorte poderá comprometer sua qualidade.

Regra número 4 – Imagens recortados, como as tiradas por meio de *prints* das telas, devem conter uma borda. Esta borda nos ajuda a separar o fundo branco da folha com os limites dela.

Com essas quatro regras temos uma apresentação de projeto clara e atrativa, o que eleva nossas chances de receber um aceite, considerando que seja isso que o trouxe aqui.

A regra da citação

As citações devem dar início a apresentação dos temas. Humildade deve ser praticada e a melhor forma de assim fazê-la é mostrando que não se sabe. Comece seus trabalhos com citações.

O papel delas é introduzir o tema, os conceitos e problemas. Nos caberá a análise, o comportamento e a evolução, seja dos problemas ou das linhas de pesquisas. Dê preferência às citações que permitam descontrair, isso significa concordar ou abrir debate.

Quando não se sabe nada da área, se pesquisa para encontrar o principal pesquisador ou linha de pesquisa. Não importa se sua pesquisa é muito antiga (uma vida inteira). A partir dele se criará um fluxo temporal. Nosso papel será escolher autores para contarmos as transições ocorridas ao longo do tempo. Teremos sempre de pensar na sustentação do nosso trabalho. A sustentação é nossa base de apoio, dela tiramos a confiança necessária para nossa apresentação.

É fácil encontrar o autor de impacto na área. A dica principal é fazer buscas em bases como o Google, Google Scholar, Scielo, etc; pelos temas. Baixe alguns artigos e vá direta as referências. Procure por períodos, basicamente deve haver algum autor que se repete nos artigos encontrados. Este autor deve ser sua base, e não que cita ele. Quem o cita é seu concorrente, e o que você pretende é mostrar que tem qualidade e resultados compatíveis ou melhor que os demais.

Esse jogo de escolha de referências acrescenta pontos ao nosso trabalho, pois o mantém na linha de inovação e atualidade. Cheque os trabalhos mais recentes desse autor, e busque pelos similares. Assim, evitamos submeter algo que os editores já não suportam mais receber.

O resumo

Deixei esse tópico para encerrar este capítulo. A seguir temos o modelo pedido pela revista Nature, para resumo.

THE TITLE OF YOUR ABSTRACT SHOULD APPEAR IN BOLD 12-POINT TIMES NEW ROMAN AND ALL CAPITAL LETTERS

Presenting Author[1], Other Author[2], Other Author[1]

[1]Presenting and Other Author Institution Name, City, State, Country; [2]Other Author Institution Name, City, State, Country

The text of the abstract should be prepared in 12-point Times New Roman Font. Please prepare your text with 1.5 line spacing. The complete document should not exceed one page, with 1.5 line spacing. Text should be prepared left justified. Please do not include figures or references within your abstract and do not insert headers or footers in your document.

Note that accepted abstracts will be printed in black and white and will appear in the program book distributed at the conference. Please turn Track Changes OFF before you save your abstract. Remember to edit thoroughly your author names, affiliations, and text before submission.

O que este modelo deixa claro é que precisamos ter limites, isso significa resumir, usar frases curtas ao invés de longas explicações. Já recebi resumos com citações nele, isso na *Nature* seria motivo para descarte, ou seja, meses ou anos de trabalhos seriam descartados antes mesmo de serem lidos, tudo isso por falta de atenção.

É preciso saber o motivo da escrita do resumo para que este seja construído corretamente.

O aceite

Sempre que possível mensurar um dado, ou seja, equipará-lo aos resultados preliminares ou anteriores, porcentagens de acertos, ganhos em eficiência, etc., o faça. O uso de porcentagem e comparativos de resultados ajudam a compreender os resultados, pois você pode ser novato naquela revista ou evento, mas a banca não, e quando se apresenta um ganho em cima de um trabalho conhecido, se cria a curiosidade da banca avaliadora.

Todos querem sabem como se construiu melhores resultados.

A busca pelo aceite de um jornal ou revista começa na edição dos resultados, dando visibilidade aos dados teremos mais chances. A melhor forma de praticarmos isso é com uso de gráficos tabelas comparativas.

Cumprindo os detalhes até aqui apresentados, teremos recebido um ACEITE. O e-mail tão aguardado de aceitação de um trabalho é quase sempre motivo de celebração, principalmente entre mestrandos e doutorandos, que precisam dele para concluir o período como bolsista.

Dica: não tenha pressa na escrita do artigo, não se limite a páginas, escreva tudo que considera importante, claro, seguindo o modelo fornecido pela revista ou congresso. Se eles (revista ou congresso) pediram e limitaram o artigo a no máximo 10 páginas e você escreveu 25, não há problema algum. Na verdade temos aí uma oportunidade. O que tenho visto, é quase sempre o oposto, pedem 10 páginas, e temos 5 escritas, isso não é bom!

O que fazemos é pensar da seguinte maneira. Exemplo: Estou com um projeto para submeter a um evento do IEEE, eles usam um modelo em que o texto é dividido em duas colunas. Devo baixar este modelo e escrever meu trabalho em cima dele, ou seja, preenchendo todos os campos com minhas ideias.

Devo ainda ter a preocupação de citar no formato deles. Neste exemplo, é comum que a citação ocorra "[1]", isso mesmo entre colchetes e numerando, o que difere do padrão ABNT que pede o último nome do autor e o ano "(OLIVEIRA, 2020)".

Em eventos que pede a numeração das referências, elas devem ser unicamente citadas, isso significa que você deve organizá-las pelas ordem de citação no texto e jamais voltar a citá-la. Traduzindo: se eu tenho 4 autores para citar no texto, a ordem de citação deve ser crescente.

Exemplificando: "A crise na bolsa de valores de NY [1] afundou economias no mundo todo [2], países agrícolas como o Brasil foram quase dizimados [3], obrigando assim que a economia passasse por um processo de modernização [4]". E, assim por diante, desta forma a banca revisora teria a seguinte impressão:

1 - ele inseriu referências e citou corretamente;

2 - inclusive essas referências são atuais e muito boas, conheço todas ou boa parte delas;

3 - o autor preencheu todos os campos esperados no artigo, com clareza e boa apresentação de seus dados;

4 - o trabalho está claro, ainda que precise de alguma revisão, ela não compromete a qualidade;

5 - após revisão, recomenda-se o aceite;

6 - Indica-se os pontos que merecem revisão, quase sempre de qualidade de imagem ou concordância verbal, expressões não tão condizentes com o texto;

7 - compila-se as recomendações e encaminha o e-mail com a aceitação, indicando os pontos forte, fracos e a média, além daquilo que precisa ser revisado, dando um prazo para fazê-lo.

Jamais, se deve citar da seguinte maneira: "A crise na bolsa de valores de NY [4] afundou economias no mundo todo [3], países agrícolas como o Brasil foram quase dizimados [3], obrigando assim que a economia passasse por um processo de modernização [4]". Isso criaria nos revisores o seguinte questionamento:

1 - ele inseriu referências que não citou;

2 - será que ele copiou trechos e não citou?;

3 - o autor não preencheu os requisitos básicos;

4 - o trabalho não está claro, precisa de revisão;

5 - será que só revisar traria qualidade ao trabalho?;

6 - Nem revisando este trabalho ficará bom, pois há limitações na pesquisa ou na concepção do autor e daqueles que compõem o projeto;

7 - recomendar pela não aceitação do trabalho.

Perceberam como a estruturação correta pode significar aceitação, e como o uso inapropriado significa rejeição? Em artigos ou eventos que a citação ocorrer pelo último nome, seguido do ano, recomenda-se não citá-lo mais que três vezes ao longo do texto, ainda que ele seja a base, procure trabalhos de anos anteriores dele, e o cite-os, nunca repita mais que três vezes a mesma referência. Isso transmite a ideia de despreparo.

Correções

Ao longo de minha breve e intensa carreira, quase trinta e-mails de aceitação de trabalhos recebi. Considerando que tenho apenas seis anos de carreira, é um número relevante.

Em seis anos, trabalhei de forma intensa em projetos que consumiam muito tempo, o que me fez aprender mais, contudo, deixar de publicar em alguns momentos. Optei pelo conhecimento. Agora estou voltando a publicar.

Junto com o e-mail de aceitação recebemos anotações, elas indicam a possível nota dos avaliadores e sugestões. São o que consideramos pontos fortes e fracos de nosso trabalho. A média dessas avaliações indica onde devemos corrigir.

A correção é um processo sofrido. É preciso reler este e-mail algumas vezes e pensar no impacto geral. O que mudará no artigo com as revisões obrigatórias e as secundárias.

As revisões secundárias devem ser feitas para garantir a consistência entre o que foi feito e aquilo que estava escrito. Há um prazo e prazos não devem ser descumpridos!

Antes de reenviar nosso trabalho, é preciso revisar três vezes, preferencialmente, que terceiros possam lê-lo antes do envio. Todos os parágrafos devem ser claros. Não adianta remover aquilo que se pediu para corrigir e inserir um fragmento similar.

É esperado que o artigo ou trabalho, seja devolvido com os mesmos padrões, números de palavras e páginas, que a versão avaliada. As correções não devem interferir na dimensão do trabalho, apenas na clareza. Entende-se por clareza frases curtas e diretas, exemplificando:

"A maria é prima do irmão de Joaquim, que mora no prédio da esquina da rua de Juliana, comadre de Francisco, pai de Maria". Esta frase deixa qualquer um doido, e não julguem, pois é comum encontrarmos frases deste nível em artigos. A versão otimizada desta frase poderia ser: "Francisco, pai de Maria e comadre de Juliana, são vizinhos de Joaquim, que mora na mesma rua, em um prédio da esquina e é primo de Francisco".

Em outras palavras, o que quis dizer é:

1 - comece pelos dados conhecido e só depois pelos cruzamentos;

2 - contextualizar os dados, os autores, os trabalhos relacionados;

3 - o único local onde se pode cruzar dados e autores é no campo da discussão de resultados;

4 - antes da discussão, todos os dados e citações devem contribuir para confirmar sua opinião, e não contrapor;

Exemplo de correção

O texto a seguir é de uma amiga, que tive o prazer de ajudar na correção, etapa anterior a submissão. O título, nome e origem será omitido, pois a revisão começa a partir do resumo.

Abstract – Complex reactive embedded systems, which typically implement critical automotive, medical and transport applications, require proper functioning throughout their lifetime. However, the system functioning may be disrupted by the wear out of components. Besides, once in the field the system may be exposed to conditions never tested during its development. In fact, a system behavior may be specified by thousands of scenarios, which cannot be fully tested in laboratory. As a consequence, the possibility of correction depends on field monitoring.

This article proposes a tool able to build a non-intrusive monitor, built with dedicated hardware and software modules running on multicore processor exclusively used for the monitor. The monitor detects and evaluates scenarios that occur during system operation, generating reports that indicate execution errors or some scenarios have not occured. It also evaluates the performance of the tool, evaluating the core processing time measures implementing the scenarios and the impact on processing time of the addition of cores in the parallel processing.

Keywords – Runtime verification; monitor; test.

Desse trecho o que devemos observar é a quebra do abstract em dois, isso não deve acontecer. O texto deve ser um fluxo bem marcado e em parágrafo único. Cada frase deve apresentar importante para a exibição dos resultados um conceito ou resumir um capítulo, integrar as palavras-chaves.

1. Introdução

Sistemas embarcados complexos, que geralmente implementam aplicações críticas, como as automotivas, médicas e as de transporte, exigem garantias de bom funcionamento durante toda a vida operacional. No entanto, existe a possibilidade de ocorrerem alguns problemas, como o desgaste de componentes, além da possibilidade de situações não testadas ocorrerem durante a operação. Os sistemas podem ser especificados por milhares de cenários [6] e nem todas as combinações destes podem ser testadas em laboratório.

Citações devem seguir uma ordem, se essa é a primeira ser citada, ele deve estar no topo. Em artigos onde a lista de referências deve ser organizada e numerada, a ordem de citação deve ser crescente, isso significa que a primeira citação é a primeira da lista de referências.

Para esses sistemas uma abordagem realizável é monitorar o comportamento do sistema para alguns cenários durante a operação em campo [1]. Essa abordagem não substitui a verificação e os testes em laboratório, mas fornece uma solução para a verificação do correto comportamento do sistema durante a sua operação em campo.

O conceito de monitoramento de cenários durante a operação do sistema é referido como verificação em campo, onde um monitor é projetado para detectar e/ou reagir a violações nas especificações, a fim de melhorar a detecção de falhas do sistema [1]. Entretanto, a implementação tradicional de um monitor requer um esforço significativo de projeto, consistindo em sintetizar um autômato para cada cenário definido. Portanto, quando um novo cenário é criado ou modificado, software/hardware de verificação adicional tem que ser desenvolvido, podendo causar aumento de custo significativo para o desenvolvimento do sistema [5].

Este artigo propõe uma ferramenta capaz de construir um monitor não-intrusivo, isto é, o monitor não pode alterar os registros, memória ou periféricos e o comportamento temporal do sistema em verificação. O monitor é constituído por módulos de hardware dedicado e por módulos de software que executam em um processador *multicore* de uso exclusivo do monitor.

Este trecho deve ficar no último parágrafo. O último parágrafo deve marcar a proposta do trabalho e apresentar o que será apresentado e na ordem de apresentação.

Os módulos de hardware monitoram as operações de escrita em memória do sistema em verificação e repassam as alterações importantes para a parte de software. Por sua vez, os módulos em software são compostos a partir da descrição dos cenários e contém rotinas para verificação destes.

Para avaliação dos cenários, as saídas do monitor devem ser relatórios que informam o número de cenários que foram executados de acordo com a especificação, cenários que não executaram de acordo com a especificação e cenários que não foram executados.

Para melhorar o desempenho do monitor, deverá ser medido o tempo de processamento dos núcleos para o processamento dos cenários e avaliado o impacto da adição de núcleos no processamento paralelo dos cenários.

Este artigo está organizado como segue. A Seção 2 comenta trabalhos anteriores sobre verificação de sistemas embarcados baseados em cenários. A Seção 3 apresenta a proposta da ferramenta para projeto de monitores de sistemas embarcados reativos. Seção 4 apresenta os resultados esperados da utilização dos cenários na ferramenta. Conclusões estão na seção 5.

2. Trabalhos Relacionados

Vários estudos têm buscado soluções para monitorar o comportamento de sistemas no ambiente de execução.

Vários estudos? De que tipo, qual finalidade? Está seção aborda estudos demonstrados em [][].

É importante lembrar que uma seção não precisa ser introduzida, uma vez que se optar por assim fazer nunca deve haver a generalização. Citações devem seguir uma ordem crescente.

Medhat et al.[2] concentram-se na elaboração de uma técnica de verificação em tempo de execução, onde o monitor supervisiona as alterações nas variáveis de interesse do sistema, tendo em conta as limitações de recursos (memória). Para isso, propõem a utilização de um controlador para manter a previsibilidade da distribuição do tempo de invocações do monitor e o uso de memória em tempo de execução, garantindo a solidez da verificação através da incorporação de um *buffer* de memória que acumula eventos.

Quando ativado, o monitor fica no estado de espera, por um intervalo de tempo em que o monitor é invocado. Este período está sujeito a um limite superior e um limite inferior, enquanto as variações nas variáveis monitoradas estão sendo enfileirados no *buffer*. Quando o intervalo de tempo expira o monitor começa a processar as mudanças de variáveis acumuladas. Quando a verificação estiver concluída, o monitor entra no estado de espera, novamente, e aguarda o reenchimento do buffer de eventos. O monitor também será invocado, sempre que o *buffer* ficar cheio, mesmo que o intervalo de tempo não expire.

A proposta de Heffernan et al. [1] é o desenvolvimento de um monitor não-intrusivo para sistemas em software ou hardware observados. A avaliação do projeto do monitor se baseou no aumento de área do circuito dedicado e de tempo de processamento causado pela adição de novos circuitos. Para realização dos testes, foi utilizado o padrão ISO 26262, para a segurança funcional, para orientar a definição das especificações funcionais de segurança de um subsistema automotivo, um software controlador de caixa de velocidade. Estas especificações foram mapeadas para fórmulas lógicas, de tal modo, que o comportamento do sistema para as especificações selecionadas pode ser formalmente verificado, pelo monitor não-intrusivo desenvolvido, durante todo o tempo de vida do produto.

Os resultados de Heffernan et al. [1] mostraram que ao adicionar novos cenários implicará no aumento da área do circuito. E ao analisar o consumo de tempo de verificação adicionado ao ampliar o circuito, se observou que não há penalidades, pois o circuito é desenvolvido para fazer as avaliações concorrentemente.

Reinbacher et al. [3] apresentaram uma arquitetura para um sistema de verificação em tempo real, não-intrusivo e paralelo, de especificações descritas em Lógica Temporal Linear (ptLTL-Past-time Linear Temportal Logic). O arquitetura proposta é genérica e destinada a funcionar como um hardware adicional para verificação em tempo de execução, e que pode ser ligado ao sistema em teste pela interface de memória.

Para avaliar a proposta, o arcabouço foi implementado em FPGA (Field Programmable Gate Array), definindo o processamento com diferentes graus de paralelismo. E os resultados foram que o desempenho, considerando o tempo de processamento do monitor, decresce de maneira próxima a linear com o acréscimo de núcleos. Também foi observado um acréscimo linear no número de células utilizadas da FPGA para cada núcleo adicionado, que é de 750 células.

Parágrafo fora do contexto, deveria estar na seção seguinte.

Tokarnia e Cruz [5] desenvolveram uma definição formal para as especificações de cenários de operação, um conjunto de restrições temporais e desenvolveram um monitor em software para enfrentar os desafios da especificação de cenários associados de sistemas embarcados reativos.

Para avaliar o desempenho do monitor proposto, Tokarnia e Cruz [5] utilizaram os requisitos de três aplicações automotivas, os quais foram descritos em um número variável de cenários de operação. Analisando os resultados desta avaliação, concluíram que o tempo de verificação do monitor está relacionado ao conjunto de cenários em verificação.

A arquitetura do projeto do monitor desta proposta foi fortemente influenciada pela arquitetura apresentada por Reinbacher et al. [3].

As definições para descrição dos sistemas que serão usadas neste trabalho seguem as definições apresentadas por Tokarnia e Cruz [5].

O trabalho se distingue dos anteriores devido às seguintes características: (1) geração automática de software monitor para os cenários; (2) geração automática de hardware monitor para os cenários.

Os parágrafos precisam de harmonia, ou seja, ter sempre entre 3 e 5 linhas e seguir uma ordem crescente, do mais

simples para o mais complexo. Nada seu deve ser posto aqui.

Nota: quando se escreve em seu idioma nativo e há uso de termos de outros idiomas, tais termos devem ser exibidos em itálico, isso dá destaque ao termo.

3. Proposta

A proposta do trabalho é construir um monitor não-intrusivo, constituído por módulos de hardware dedicado e por módulos de software que executam em um processador *multicore* de uso exclusivo do monitor, automaticamente, a partir das especificações do sistema. Para isto, é necessário que o projetista descreva os cenários de operação que serão monitorados, informando as posições de memória das variáveis envolvidas.

A implementação será um projeto de hardware/software. Circuitos dedicados monitoram as operações de escrita em memória no sistema em verificação. Por sua vez, os módulos em software são compostos de duas partes, uma fixa que consiste em rotinas para verificação dos cenários e outra variável que é composta da descrição dos cenários.

Implementado em um misto de hardware software, nesse ponto do artigo deve ser apresentado o que foi feito e exibir resultados.

As saídas da ferramenta devem ser relatórios que informam os números de cenários observados classificados em execução bem sucedida, falha de modo, falha de *timeout* e falha temporal.

Os relatórios apresentam... Se não existem não devem ser citados. O uso de termos técnicos deve ser padronizado, "saída de ferramenta" podemos chamar de relatórios, por exemplo.

Serão analisados os tempos de processamento dos núcleos utilizados para o processamento dos cenários e o impacto da adição de núcleos para o processamento paralelo.

Se ainda não foram analisado nem devem aparecer no texto. O texto deve trazer o que já foi consolidado, testado e validade.

3.1 Descrição do Sistema

Um subsistema é caracterizado por suas entradas, saídas, variáveis de estado e condições sob essas variáveis, que caracterizam situações operacionais. Um sistema pode ser composto de alguns subsistemas que podem ser verificados simultaneamente. O comportamento pode ser descrito por um número de cenários e atividades [5]. A Figura 1 ilustra o exemplo de um subsistema.

Figura 1. Exemplo de subsistema

3.2. Atividades

Atividade é uma relação entrada/saída com máximo tempo de resposta, que deve ser satisfeita quando o subsistema está em um modo de operação.

Definir um modo de operação como uma condição nas variáveis de estado e associando a ele uma atividade, leva a modelos de subsistema compactos e reduz o número de relações de entrada/saída. Se existem estados que satisfazem mais que um modo de operação, as atividades associadas a estes modos descrevem relações de entrada e saída que devem ser satisfeitas [5]. A definição de Atividade segue o formato:

$$\textbf{Actt} \quad \textit{NomeAtividade} \quad (\textit{Subsistema, Modo,}$$

$$\textit{PrioridadeVerificação,EscalaTempo, TempResp, } (\textit{InVar}_1 \; \textit{RL}_{i1} \; \textit{CI}_1,$$

$$\textit{OutVar}_1 \; \textit{RL}_{O1} \; C_{O1}), \; ..., \; (\textit{InVar}_N \; \textit{RL}_{In} \; \textit{CI}_N, \textit{OutVar}_N \; \textit{RL}_{0N} \; \textit{CO}_N),$$

$$\textit{TimeOut)}, \; (1)$$

onde *Subsistema* e *Modo* identifica o subsistema e o modo de operação para o qual a atividade é válida; *PrioridadeVerificação* define o limiar de prioridade de verificação mínimo por qual o monitor verifica esta atividade. *InVars* e *OutVars* são variáveis de entrada e saída, respectivamente. *RLs* são operadores relacionais e *CIs* e *COs* são constantes. O *RespTemp* é o tempo máximo de uma condição de entrada *(InVark RLik CIk)* para uma condição de saída *(OutVark RLok COk)*.

A *EscalaTempo* é aplicada no *RespTemp* e *TimeOut*. O *TimeOut* define o número de unidades de tempo permitidas para completar a verificação da atividade, garantindo um fim para essa verificação.

3.3 Cenários

Cenários descrevem um comportamento reativo que pode envolver muitas variáveis de um subsistema. São compostos por dados de configurações do cenário, e divididos em seção *Causa* e seção *Efeito*, que são a parte central do cenário. A seção *Causa* define um modo de operação inicial e descreve as circunstâncias em que o subsistema deve apresentar o comportamento descrito pelo cenário. A seção *Efeito* especifica ações e transições entre modos de operação que devem ocorrer depois que a seção *Causa* tiver sido satisfeita [5]. Um cenário é definido com seis seções, como segue:

DefCenario *NomeCenario* *<Configurações, Causa, Efeito, ListaModos> (2)*

onde a seção *Configurações* contém o *NomeSubsistema,* o nome do sistema para o qual o cenário se aplica, sua *EscalaTempo,* seu *TimeOut* e sua *PriorioridadeVerificação.* O *TimeOut* define o número de unidades de tempo permitido para a verificação do cenário após a seção *Causa* tenha sido satisfeita. Ele garante um final para a verificação do cenário.

A seção *ListaModos* contém uma lista de modos de operação deste cenário.

4. Proposta Experimental Inicial

Deveria ser um tópico na seção anterior, e não o título de uma nova seção.

A Figura 2 ilustra como é distribuído o processamento dos módulos de software e hardware do monitor em relação ao sistema em verificação.

A ferramenta ao receber a entrada deve gerar a especificação dos módulos de software e hardware do monitor. Os módulos de hardware irão observar as operações de escrita em variáveis de entrada, saída e estado, através do barramento na interface de dados do sistema em verificação, e pode avaliar a ocorrência de eventos (condições sobre variáveis de entrada), ações (condições sobre variáveis de saída) e as mudanças em modos de operação.

O resultado desta avaliação será então enviado para os módulos em software.

Figura 2. Arquitetura do Monitor Paralelo.

O software monitor será processado e então serão gerados arquivos de relatórios de saída, que informarão o número de cenários com sucesso, cenários com falha de modo de operação falhas de timeout e falhas de tempo. E de desempenho, que informarão os tempos de processamento dos núcleos que processam a parte em software do monitor.

5. Conclusões e Trabalhos Futuros

Devido a grande exigência de bom funcionamento demandado por aplicações críticas de sistemas embarcados reativos, muitas pesquisas estão sendo feitas. Neste sentido, o emprego de monitores se apresenta como boa opção. Mesmo com os milhares de cenários que podem descrever o comportamento do sistema embarcado e os problemas gerados devido ao desgaste de componentes, essa abordagem se apresenta realizável, pois se juntando a verificação e os testes em laboratório que, podem verificar de forma mais completa o funcionamento do sistema.

1 - Uma boa opção frente a quais? 2 - Porque não seria? 3 - Que tipo de laboratório estamos falando?

Em trabalhos futuros, serão definidos, a partir dos cenários da aplicação utilizada por Tokarnia e Cruz [5], os cenários que serão utilizados para realização dos primeiros testes. Posteriormente, se pretende definir outras aplicações para testados com o uso da ferramenta proposta.

Referências

[1] D. Heffernan, C. MacNamee and P. Fogarty. "Runtime verification monitoring for automotive embedded systems using the ISO 26262 Functional Safety Standard as a guide for the definition of the monitored propertie", IET Software, v.8, p.193-203, 2013.

[2] R. Medhat, D. Kumar, B. Bonakdarpour and S. Fischmeister, "Sacrificing a Little Space Can Significantly Improve Monitoring of Time-sensitive Cyber-physical Systems", ACM/IEEE International Conference on Cyber-Physical Systems (ICCPS), p. 115-126, 2014.

[3] T. Reinbacher, J. Geist, P. Moosbrugger, M. Horauer and A. Steininger, "Parallel Runtime Verification of Temporal Properties for Embedded Software", IEEE/ASME International Conference on Mechatronics and Embedded Systems and Applications (MESA), p. 224 –231, 2012.

[4] P. Sawhney, G. Ganesh and A. K. Bhattacharjee. "Automatic Construction of Runtime Monitors for FPGA based Designs", Electronic System Design (ISED), p. 164-169, 2011.

[5] A. M. Tokarnia and E. P. Cruz, "Scenario Patterns and Trace-Based Temporal Verification of Reactive Embedded Systems" Euromicro Conference on Digital System Design, pp. 734-741, 2013.

[6] W. T. Tsai, L. Yu, F. Zhu, and R. Paul, "Rapid Embedded System Testing Using Verification Patterns," IEEE Software, vol. 22, p. 68, July/Aug. 2005.

Nota:

O tiramos deste artigo, o que aprendemos com ele? Com ele podemos praticar o que foi dito em tópicos anteriores, quanto a necessidade de ser objetivo, focar nos resultados, evitar palavras e expressões que possam deixar confuso o texto. Há erros ortográficos, mas o que pode separar seu trabalho de aceite de mais um rejeitado é a forma como os dados são apresentados, faça uso de termos genéricos e técnicos.

Ferramentas para correções

Indico duas ferramentas, uma para nosso idioma. Apesar do *Word* ser uma ferramenta poderosa em corrigir erros ela não indica se estamos sendo cultos ou fazendo uso de expressões populares. Em artigos a linguagem deve manter um padrão.

A FLIP disponibiliza um corretor que indica além de sugestões de palavras, quando estamos saindo da norma culta. Segue o *link*: <https://www.flip.pt/FliP-On-line/Corrector-ortografico-e-sintactico>.

Quando estamos escrevendo em inglês e queremos fazer uso de outra expressão, uma boa dica de ferramenta é um *plug-in* para *browser*, a *Grammarly*. Excelente para sugerir correções no texto.

De forma alguma uma ferramenta substituirá a escrita humana, mas ajudam a melhorar o aspecto linguístico, sugerindo expressões claras, que pelo calor da rotina esquecemos.

Considerações

O presente guia é uma soma dos manuais que me ajudaram, não apenas na produção de artigos, como também de minha dissertação. Não raro recebo dúvidas de amigos que estão na graduação ou na pós-graduação e precisam publicar, ou por serem bolsistas ou por lutarem por uma bolsa.

Seja qual for o drama pessoal, não somos preparados para a escrita, infelizmente. Espero poder ajudar aos novatos nessa batalha de pela primeira publicação. Publicar exige planejamento, quanto maior o impacto do periódico, maiores as exigências, sem um guia fica impossível ter um aceite.

Conheci bons alunos, dedicados, mas sem publicações. Sempre que tentavam submeter recebiam a rejeição. Um dia quis ver como escreviam. O pecado deles, dá muito espaço aos trabalhos relacionados, reduzindo a apresentação se seus resultados.

Citavam tantos autores, que ao final, o espaço para apresentar o próprio esforço era reduzido, nem eventos locais aceitariam tal falha, a não ser o salão dos bolsistas. No salão dos bolsistas, a produção anual deve ser mostrada, em formato de *banner*.

O pôster é uma excelente opção de publicação, objetiva e pouco cansativa, quando se precisa publicar com urgência. A maioria dos eventos abre um período para submissão em três modelos: pôster, artigo curto e artigo longo.

Esses modelos refletem o andamento do projeto, iniciante, intermediário e avançado. Seguindo as dicas aqui apresentadas não há motivos para se temer, a aprovação é certa. Tudo se resume a cumprir regras de forma clara.

Referências

ACW (http://www.academiccoachingandwriting.org/), 2016.

Rob W. W. Hoolft. How to create a goodRDM plan. (www.publishingcampus.com). Elsevier, 2016.

Arnaud Legout. The Art and Science of Writing, How to write easy-to-ready text?. INRIA, Sophia Antipolis, version 1, nov. 2013.